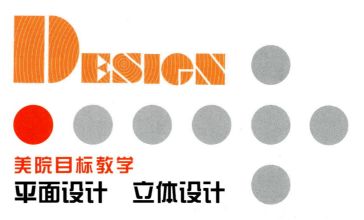

美院目标教学

平面设计　立体设计

宋　扬　编著

辽宁美术出版社

图书在版编目（ＣＩＰ）数据

美院目标教学. 平面设计·立体设计／宋扬编著
. —— 沈阳：辽宁美术出版社，2013.4
（设计类应试辅导丛书）
ISBN 978-7-5314-5441-0

Ⅰ．①美… Ⅱ．①宋… Ⅲ．①平面设计-高等学校-
入学考试-自学参考资料②立体-构图（美术）-高等学
校-入学考试-自学参考资料 Ⅳ．①J

中国版本图书馆CIP数据核字(2013)第072862号

出 版 者：辽宁美术出版社
地　　　址：沈阳市和平区民族北街29号　邮编：110001
发 行 者：辽宁美术出版社
印 刷 者：辽宁泰阳广告彩色印刷有限公司
开　　　本：787mm×1092mm　1/16
印　　　张：7
字　　　数：160千字
出版时间：2013年5月第1版
印刷时间：2013年5月第1次印刷
责任编辑：林　枫
封面设计：林　枫
技术编辑：徐　杰　霍　磊
责任校对：李　昂
ISBN 978-7-5314-5441-0
定　　　价：36.00元

邮购部电话：024-83833008
E-mail:lnmscbs@163.com
http://www.lnmscbs.com
图书如有印装质量问题请与出版部联系调换
出版部电话：024-23835227

再谈"速成"与"方法"

似乎现今的学生对学习方法的要求，已经到了"速成"的高度，就像罗永浩坦言：任何学英语的速成方法都需要"背单词"。学习设计的速成方法，也同样需要有绘画基本功的底线。任何学习方法，都仅是"方法"，相对其他方法，可能会事半功倍，但是归根结底，都需要精力的投入，在选择学习设计基础之前要明确一点：一定是一份努力一份收获。对于教师来说，需要研究方法与捷径；对于学生来说，需要在寻找捷径之前把基本功的底线达成。

在此需要付出的前提下，我一直在治理研究教与学的"方法与捷径"。早在 2003 年，我便在《艺术设计基础教育的革新》中指出了不同的学习方法带来的不同结果，其中"所看先于多练，多比较作品的异同先于比较作品的高低"。这些方法便是多年基础课教学的经验总结，无论是在大学的课堂上，还是在考前基础训练的课堂上，学生对于学习方法的要求都是一样的，基础课需要精力的绝对投入，而这种专注得到的效果不仅仅作用于眼前，更重要的是作用于将来长远的发展。

转眼十年，我仍然在基础教学的岗位上，用实践不断验证着、改进着教学方法。无论是在大学一年级的课堂，还是中等美术学校的课堂，随着艺术高考方向的转变，都越来越要求教师的教学方式随之改变。

书中的大量图例均来自于教学一线，紧密结合高考命题的最新动向，这本书也是我多年来搜集整理的图例最全面、对设计学科应试最有针对性的一本参考书。2001 年毕业任教以来的十几年，我拒绝参与任何美术高考和培训的经营，使我可以更专注地研究基础教学，更敏锐地从各种角度审视中国的设计类高考和命题趋势。我始终认为任何教与学的难题都有相对应的解决方法，通过对方法的梳理就一定可以找到捷径。

这套书是我一直想出版的"设计类应试资料集"，希望这本书的出版能给正在奋斗中的同学们切实的帮助，在前进的路上我们一起努力。

2013 年 3 月于北京

目　录
CONTENTS

平面设计

图形与综合表达

　　平面设计的命题考查方式往往是围绕〝图形〞和〝表达〞两方面展开，可以把〝图形〞理解成为〝词汇〞，最终的结果是运用词汇去进行语句的创造；也可以把表达的方式理解成〝图形〞本身，用多重意思把最终的图形进行创造性的重组，最终通过一个图形表达多重含义。

比对与借鉴是平面设计的捷径

　　提起平面设计，作为经典案例的瑞典 ABSOLUT 〝绝对〞伏特加一定是最简单明确的形似创意案例。ABSOLUT 保持二十几年来一直沿用〝酒瓶〞这个不变的主题作为特定创意元素，找到瓶子成为阅读 ABSOLUT 创意的乐趣。同样的创意，不同的手法，尝试运用〝多比较作品的异同〞作为学习平面设计的第一步，是最合适不过的。

很多创意的形式都是来自偶然、来自于瞬间，能巧妙、准确地捕捉住创意的瞬间，所使用的创意方式是无法总结的。但是众多设计师对"酒瓶"造型的相似度把握，是每一个 ABSOLUT 广告的相似点，也正是创意精彩的原因。

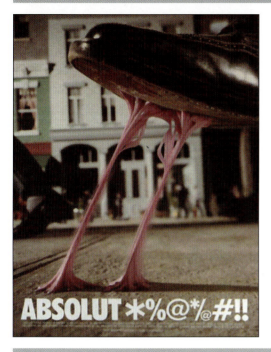

每一期 ABSOLUT 广告的发布，阅读来自各国的创意，按照不同的表达"酒瓶"的方式，就能作出比对，很轻松地比较出每一幅作品的创意点的区别。比较的过程中涵盖了众多的创意形式的学习，这是最简单、最有效的入门方式。

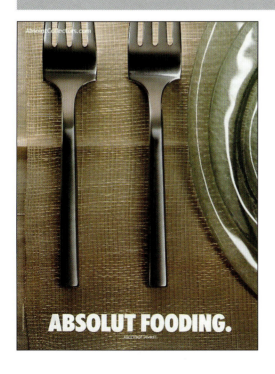

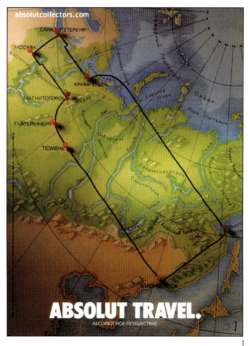

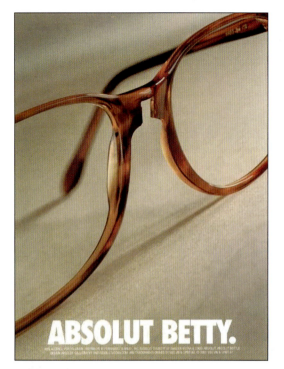

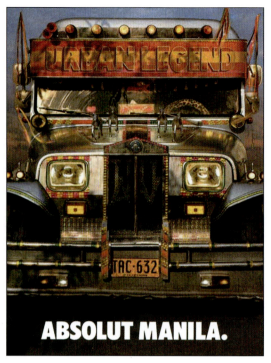

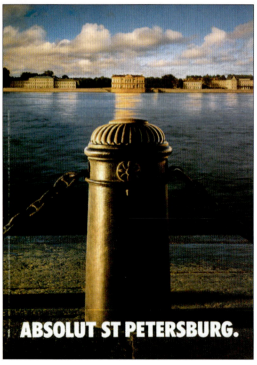

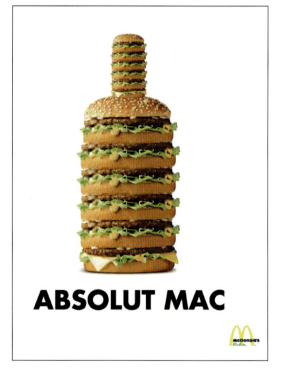

造型的巧妙，来自于"正负形"的把握，造型并不是通过造型来表达，而是通过造型之间的空隙巧妙表达，甚至对于桌面倒影的利用，才能使酒瓶的比例得以准确地再现。

来自意大利的中餐厅广告，很容易看懂。把中国特有的文化元素——龙、孔子、兵马俑、青花瓷相结合，很明确地点明主题。

Simon Perele 奢华内衣

不仅仅只有男人喜欢的节目——SKY 收费电视台

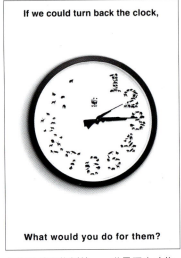

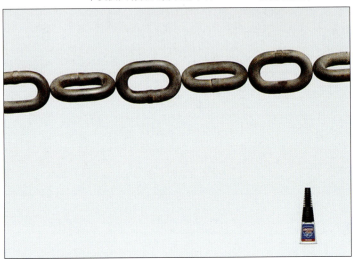

如果时钟不能倒转——世界野生动物　　依然坚固——乐泰胶水

运用造型相似，引起观者的联想，把多种事物与要表达的多重含义相结合，是创意的基本方式之一。下面的图形，把意大利面与网线相结合，运用造型相似的方式传达双重含义，使要传播的广告造型更加深入人心。食物—网络广告。

保护组织海报

书与女人体——PLAYBOY 成人杂志广告

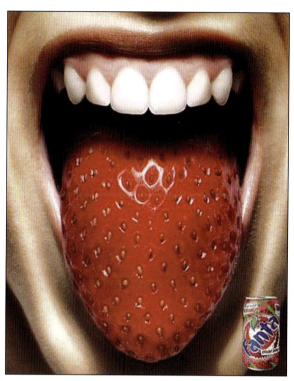

舌头与草莓——芬达草莓口味广告

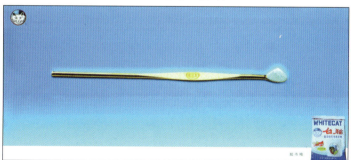

白猫洗衣粉，超浓缩。

　　"夸张"是广告设计中很常用的形式，把生活中常见的元素进行夸张，可以使原本平常的视觉元素与传播的创意相结合，形成深入人心的效果。

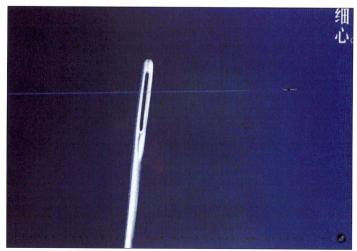

南方航空公司，细心。

11

太薄——超级笔记本，联想电脑。

牙齿坚固——益达无糖口香糖

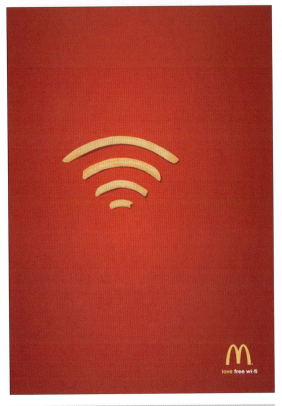

　　麦当劳用餐可以免费使用 wifi 网络。用很直观的方式，把麦当劳的典型元素——薯条与代表 wifi 网络的标志符号相结合，一目了然。

　　麦当劳餐厅因整修停业一周。广告使用麦当劳最醒目的元素"M"，把视觉中心的黄色钳子突显出来，整体元素简洁明确，把停业的原因很直接地表达出来。

平面设计典型真题分析

平面设计应试可以以"平面设计的标准",选择任何方式来做出题目的相应画面,但是以"图形"的方式进行思考,相对其他方式,一直以来是应试的主流方式。典型真题《人与书》,就是以简单的关键词"人""书"进行创作考查的典型命题形式,就好像中文修辞中的造句,把关键词用造句的形式串联,就可以最直接地把题目进行创作。人与书在右图中,被比喻成插头与插座的关系,最终的结果是象征智慧的"发光",思路简洁,立意明确。

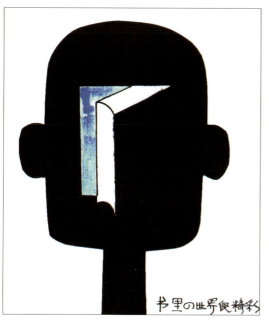

书里の世界很精彩

平面设计典型真题《人与书》,题目把关键词标注得非常明确,用给定的关键词进行图形创作,就可以把意思表达出来。"书是开启思维的窗户","拥有知识就可以看得更远"。

平面设计典型真题《人与书》，"书与时间就是人生的起跑线"，"被书束缚住的人"，"拥有的知识与自身的高度成正比"，"读万卷书与行万里路"。

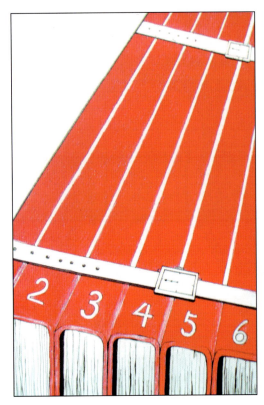

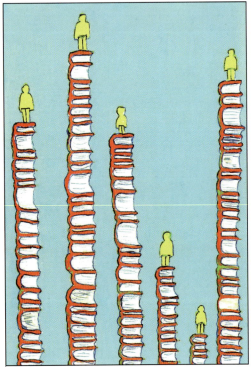

平面设计典型真题《手的联想》，这是典型的从造型出发进行图形创意的命题方式，借用手的造型，形成形似的联想，进行创意表达。

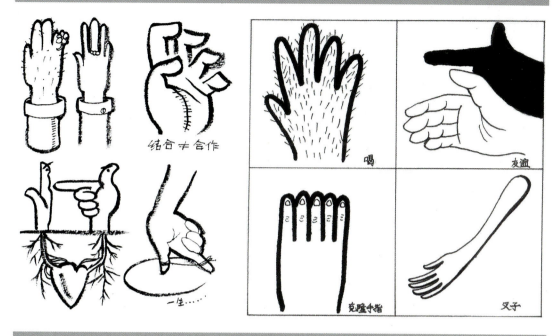

平面设计典型真题《手表》，题目限定画面必须出现手表，搭配任意图形形成创意。这是典型的"形的联想"命题方式，手表从含义入手很容易联想到时间，从造型入手也可以进行造型的置换，这种命题方式的思维方法很灵活，也为学生的图形创作预留了极大的创意空间。

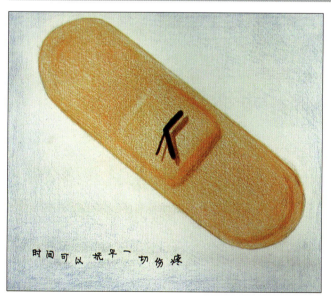

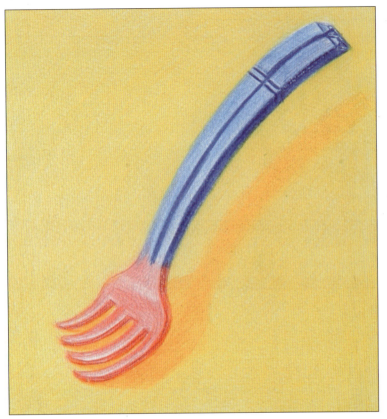

平面设计典型真题《以"合"为题》，题目与"喜""手表"相似，合字本身具有意义、造型双重的思维拓展空间，"合"可以直接理解为两种含义（或者造型）的结合，左图就是利用筷子与叉子的结合，来表达中西方文化的差异与融合。

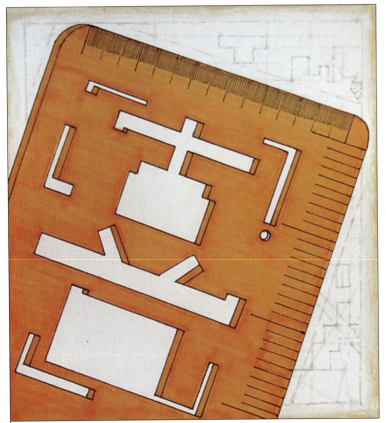

平面设计典型真题《喜》，题目与"手表"相似，"喜"字本身具有很强的意义、造型发挥空间，既可以从本身的具有中国传统意识的意义进行思维拓展，也可以从造型本身进行思维拓展。把"喜"与模板进行联系，传达"喜"是可以复制的。

平面设计课程作品与讲评

图形创作的第一步，在于语言的表达，好比要学会写文章，就需要认字、组词、造句，这是循序渐进的过程。在图形训练的第一阶段，先尝试把两个互不相干的图形置换在一起，置换的前提就是"形似"，在这个阶段，不要急于追求"创意"。

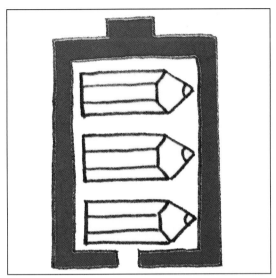

电力与铅笔

钥匙与钢笔

铅笔与挂锁

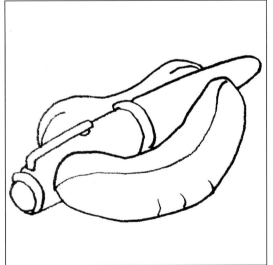

热狗与钢笔

鹅毛笔与毛笔——外来文化与中国文化

图形训练包含的内容很多，所涉及的知识点众多。从创作方式方面总结：从黑白表现到色彩表现，从难易程度方面总结：以"形似"为前提的图形置换、组合，最终获得一个图形，表达双重含义的图形置换练习，成为图形训练的第一步。

仔细思考一下，两个互不相干的元素组合在一起，最终实现"用一个图像表达双重含义"。意义是可以延展的，如：创可贴与网络——网络可以疗伤……勤于思考，从我们熟知的图形组合中寻找创意。

足迹与网络——足不出户可以畅游世界

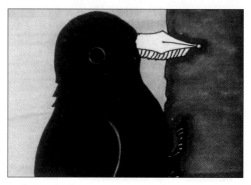

啄木鸟与钢笔

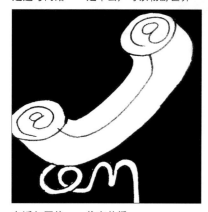

电话与网络——信息传播

轮滑与网络

水龙头与网络——网络资源

创可贴与网络

　　图形的意义在于用最简单的图形传达含义，在图形的组合训练阶段，意义不是最重要的，重要的是把握两个图形之间的形似关系，寻找置换的可能性。这里所提到的置换，是以相似为前提的置换，并没有因为置换使原形在置换后显得突兀。

网络与方向

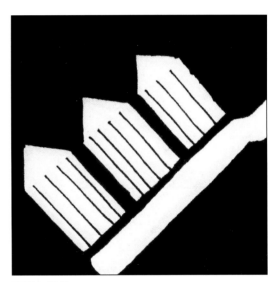

牙刷与铅笔

网络与人

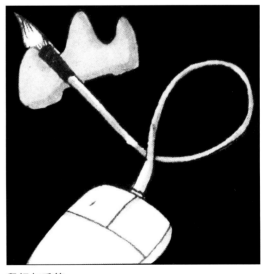

鼠标与毛笔

网络钥匙

网络炸弹

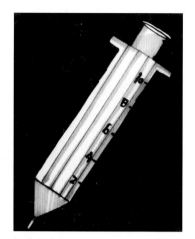
铅笔与治疗

网络与眩晕

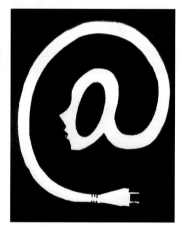
网络与人

网络深井

网络与世界

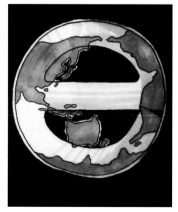
网络连通世界

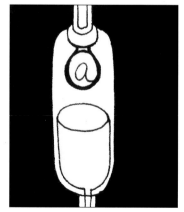
网络与治疗

网络与近视眼镜

网络与烟

铅笔与螺丝

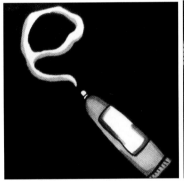

网络色彩

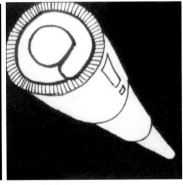

网络与望远镜

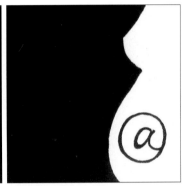

网络与孕育

网络与指纹

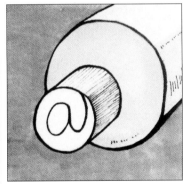

网络与牙膏

时钟与手铐

网络与烟斗

网络与蚊香

网络与饮料

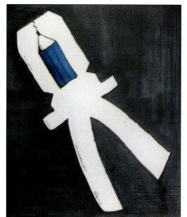
铅笔与钳子

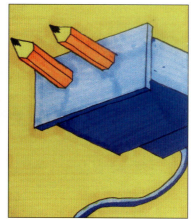
铅笔与插头

残而不废

网络时间

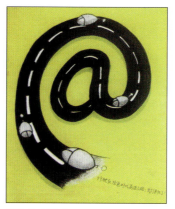
网络高速通道

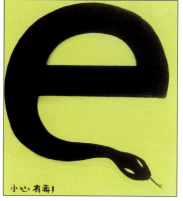
网络病毒

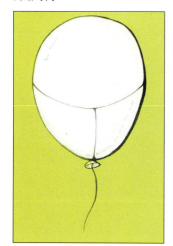
气球与鼠标

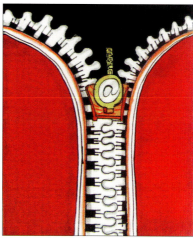
网络互动

网络呼救

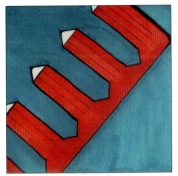

铅笔与梳子

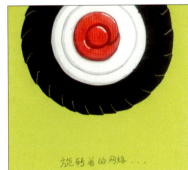

网络与车轮

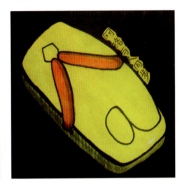

网络与拖鞋

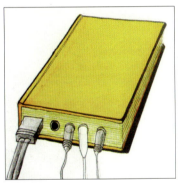

书与信息

网络闹钟

心与芯

网络足迹

毛笔与钳子

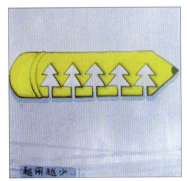

铅笔与自然资源

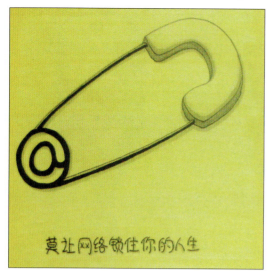

网络与人生

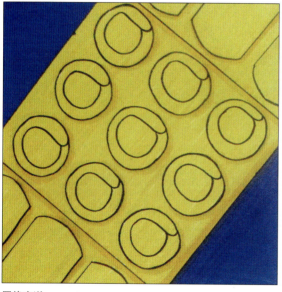

网络盲道

网络魔方

手与设计

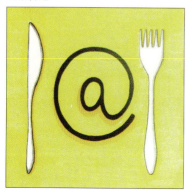

网络食粮

中年与少年的交流

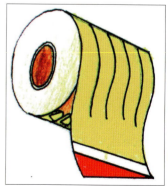

手与卫生纸——人与资源

　　吸烟有害健康的主题，是平面设计应试训练中常会用到的题材，与现实生活息息相关，但是吸烟的主题难免雷同与重复，以下两个图形创作都表现出新意，人的因素很巧妙地与香烟相结合，巧妙地表达出人与烟之间的关系。

吸烟与健康

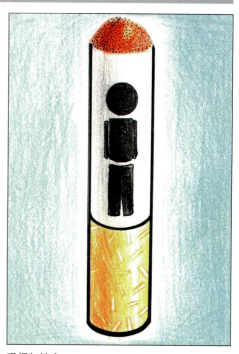

吸烟与健康

　　如果把图形理解成为"组词"——把两个（或多个）图形用设计的方式组合在一起，那么设计画面的创造就是"造句"，把图形、色彩、构图甚至字体都考虑在内，画面是"用看似毫无关联的图形语言在传达画面以外的含义"。

鼠标与爆竹——表达计算机时代所带来的信息爆炸

自然资源消耗与社会发展的关系

网络与人

网络就是饮料

雪糕与热水袋

矛盾的组合

网络与中国文化

指印与年轮——人与自然的关系

钝与锋利

流行文化与传统文化

矛盾的组合——猫与鱼

弹性网络

哺乳与酒

哺乳与啤酒

针与牙刷

衣食住行的密切关系

天鹅与水杯的裂痕

人际关系网络

爱情与桎梏

知识就是武器

仙人掌与电锯——生态破坏与环境的
关系

被破坏的树与钥匙

导弹与建筑

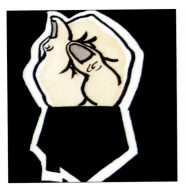

握在一起的手与家

奖杯与酒杯

盛开与枯萎

树干与电锯

钥匙与棒棒糖

互动

鸟与飞机

炸弹与毽子

矛盾的组合——斧子与树

扑克牌与钱

茶与酒

鞋与路

蜡烛与爆竹

老年人与电脑窗口

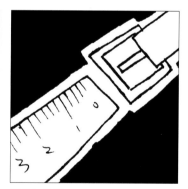

腰带与尺子

互动

和平与安全

中西文化交流

时间的脚印

爱心救护

生活的钥匙

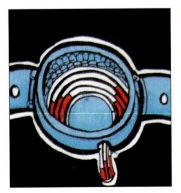

时间与跑道

书与拖鞋

扑克牌与中国文化

书与知识的互动

爱心传递与蒲公英

中国文化与西餐——中西文化交流

竹简与高脚杯——中西文化交流

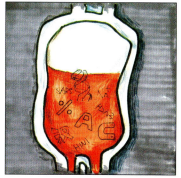

输血——文化急救

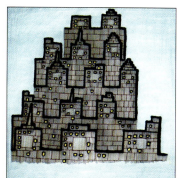

欧洲城堡与长城

绿色信号——自然环境保护

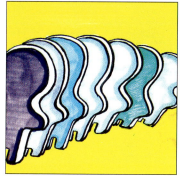

人际关系的互动

信息高速公路

剪纸——人与人的交流

T恤图案与交流

信息时代与中国传统文化

蜜蜂与绿洲——国际信息交流

汇成绿色——环境保护协作

编织地球——环境保护

计算机时代与书

茶与高脚杯——中西文化交流

红的联想——首饰与糖葫芦

灯芯——人与人的交流

蜡烛——心的交流

羽毛笔与毛笔

世界和平与互动

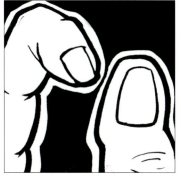

手指的交流

信仰的中西方文化交流

心与水管——交流

手套与琴键

知识与计算机信息

水火交融

真诚的博弈

倾听心声

心的感应

信息时代与地球水资源

关爱老人

蝴蝶与向日葵

心灵相通

人与人的互动

电话线缠绕听筒——人与人的交流

插头与接线板

手与耳机

交互——锁

灯芯——人与人的交流

书与书——知识的交汇

脚印与游戏

色子与嘴唇——交流

人与时间

藕断丝连的人与人

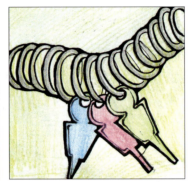

钥匙与钥匙扣——人与人的交汇

拷贝文件——心的交流

两把勺子搅拌咖啡——交流

连通互动

插头的串联

铅笔与毛笔的交互

人与人的魔方

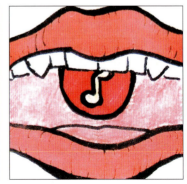

人与音乐

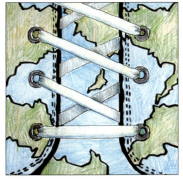
串联世界

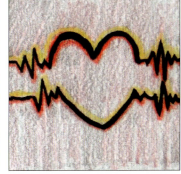
心的脉搏

人与商业社会

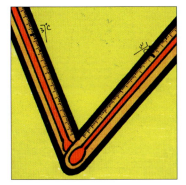
人与人相互温暖

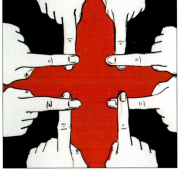
十的联想——手

网络连通世界

手的联想——伤害

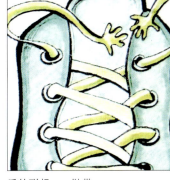
手的联想——鞋带

手的联想——心灵感应

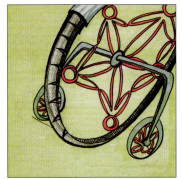

交互——人与人

信与家庭

人与人

手与天鹅

齐心协力

鞋与鞋带

人与人

消耗与收获

人与水资源

人与水资源——水资源与绿化

人与水资源——水的下面是沙

人与水资源——沙

沙／人与水资源——沥干

人与水资源——危险信号

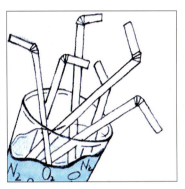

人与水资源——过度饮用

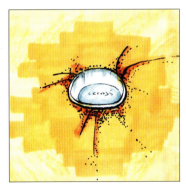

人与水资源——水与沙

人与水资源——水与树

人与时间

杯子的联想——融化

杯子的联想——水与茶的反比

杯子的联想——流失

杯子的联想——流失

杯子的联想——仙人掌

杯子的联想——贮存

杯子的联想——耗氧试验

杯子的联想——温室效应

杯子的联想——水是万物之源

杯子的联想——最后一滴水

杯子的联想——水与手纸

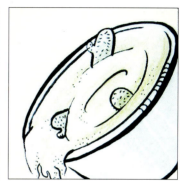

杯子的联想——破碎与流失

杯子的联想——自然消耗

杯子的联想——所剩无几

杯子的联想——杯子与锁

杯子的联想——水源流失

杯子的联想——烟囱

杯子的联想——仙人掌与沙漠化

杯子的联想——建设与消耗

杯子的联想——水与树

杯子的联想——环境污染

杯子的联想——水与城市

杯子的联想——破碎与流失

杯子的联想——储存

杯子的联想——封闭与储存

杯子的联想——维持

杯子的联想——地球融化

杯子的联想——锁住水分

杯子的联想——绿色循环

杯子的联想——人与高脚杯

环保主题——沙与茶

环保主题——水与沙

杯子的联想——沙

杯子的联想——危险信号

杯子的联想——漏斗与杯子

杯子的联想——沙漠化进程

杯子的联想——危险信号

杯子的联想——融化

杯子的联想——杯子与年轮

杯子的联想——沙与茶

杯子的联想——重叠

杯子的联想——水源流失将尽

杯子的联想——地球沙漠化

杯子的联想——滴水

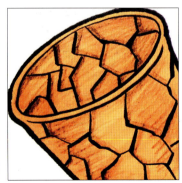

杯子的联想——龟裂

杯子的联想——融化的冰

杯子的联想——海水

杯子的联想——消耗与自然

杯子的联想——最后一滴水

杯子的联想——水与酒

杯子的联想——树与裂痕

杯子的联想——小心保护

杯子的联想——最后的底限

杯子的联想——水与沙

杯子的联想——饮水机

杯子的联想——维护绿色

杯子的联想——一饮而尽

杯子的联想——冰山融化

杯子的联想——沙与树

杯子的联想——过度饮用

杯子的联想——拧干

杯子的联想——地球与水资源

杯子的联想——耗氧试验

杯子的联想——攥紧最后一杯水

杯子的联想——水井

杯子的联想——水与沙

杯子的联想——过度消耗

杯子的联想——冰在融化

杯子的联想——最后一滴水

杯子的联想——地球资源流失

环保主题——抵抗沙化

环保主题——井中的沙

环保主题——鱼的进化

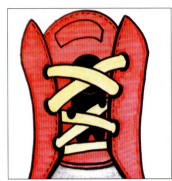
鞋的联想——束缚

环保主题——仙人掌与城市进程

环保主题——沙漏

人与人——老人与儿童

人与书——束缚

环保主题——沙漠吞噬的时间

环保主题——防护

环保主题——出口

环保主题——沙漠吞噬的时间

环保主题——防护

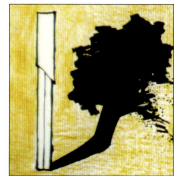

环保主题——出口

环保主题——沙与食粮

环保主题——急救

环保主题——失去最后的绿色

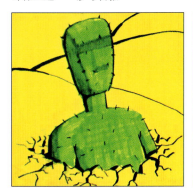

环保主题——沙漠与人

环保主题——绿色的纪念

环保主题——沙与食粮

环保主题——急救

环保主题——失去最后的绿色

环保主题——沙漠与人

环保主题——绿色的纪念

环保主题——黄色警告

家的联想——晾衣服

环保主题——消耗

礼物与急救箱

信封与锁

环保主题——沙漠与食量

环保主题——沙漏

环保主题——汤

互动——衣食住行

环保主题——露出蓝天

环保主题——树与沙

环保主题——仙人掌与口罩

环保主题——人与树

环保主题——人与自然

网络——网络与汽车

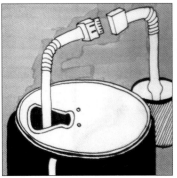

网络——饮料

互动——人与人的锁

互动——人与人的链条

环保主题——创可贴

环保主题——安全帽

手的联想——信息时代的手

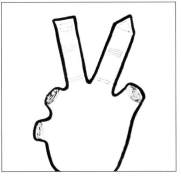

手的联想——城市发展与生态破坏

环保主题——树与锁

文化相关——哺乳与流行文化

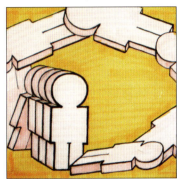

人与人——多米诺式互动

爱心与音符

环保主题——下沙

人与人——齐心协力

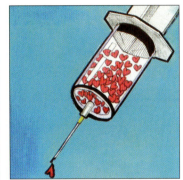

奉献爱心

文化相关——互动与交流

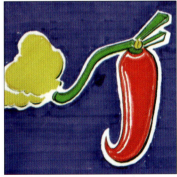

置换——辣椒与灭火器

牢笼与自由的心

置换——火与辣椒

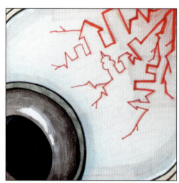

置换——眼球与城市

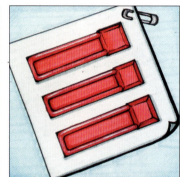

置换——条纹与锁

置换——瓢虫与衣食住行

人与人——逃离

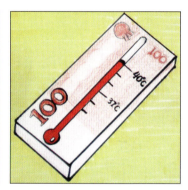

红的联想——金钱的温度

人与人——交流与互动

环保主题——人与自然的消耗

置换——老人与孩子

红的联想——没有绿叶

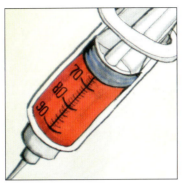

红的联想——注射血液

红的联想——辣椒与鞭炮

红的联想——可乐与炮竹

人与人——协作

红的联想——酒与手铐

红的联想——环保救助

红的联想——信号灯与糖葫芦

红的联想——辣椒与红唇

红的联想——火箭与消防栓

红的联想——鞭炮

红的联想——辣椒与口红

红的联想——拆的价值

人与人——交流与互动

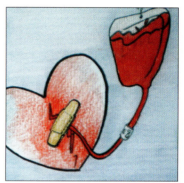

红的联想——爱心救护

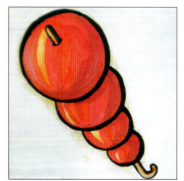

红的联想——老人与孩子

红的联想——禁放鞭炮

红的联想——可乐与中国文化

中国结的联想——高速路与立交桥

中国结的联想——二维码与中国文化

中国结的联想——灯芯

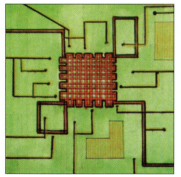
中国结的联想——公交线路图

中国结的联想——地图

中国结的联想——领带

中国结的联想——电子邮件

中国结的联想——心电图

中国结的联想——团结

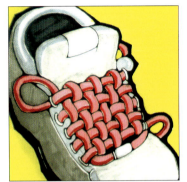

中国结的联想——鞋带

中国结的联想——音乐

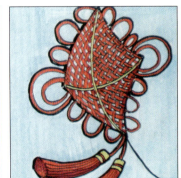

中国结的联想——风筝

中国结的联想——嫦娥

中国结的联想——色子

中国结的联想——面1

中国结的联想——指印

中国结的联想——国际象棋

中国结的联想——面2

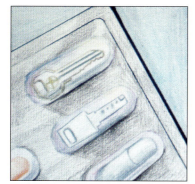

钥匙的联想——胶囊

钥匙的联想——指纹

钥匙的联想——绘画

钥匙的联想——钥匙与高跟鞋

钥匙的联想——灯芯

钥匙的联想——硬币与钥匙

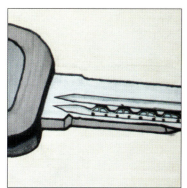

钥匙的联想——堵车

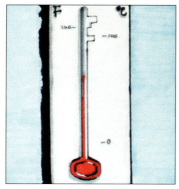

钥匙的联想——温度计

钥匙的联想——领带

钥匙的联想——蜗牛

钥匙的联想——乐器

钥匙的联想——人与人

钥匙的联想——棒棒糖

钥匙的联想——开启宇宙

钥匙的联想——麦克风

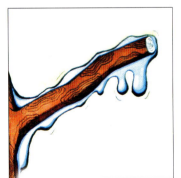

钥匙的联想——树枝与冰

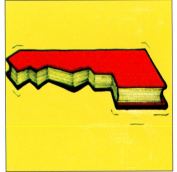

钥匙的联想——书

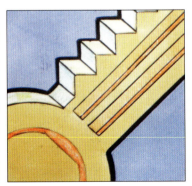

钥匙的联想——阶梯

夹子的联想——人与人

夹子的联想——不合作

夹子的联想——缺一不可

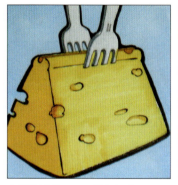

夹子的联想——叉子与奶酪

置换——水与沙

置换——吸管与香烟

置换——一次性筷子与树木

棒棒糖与仙人球

置换——植物与发夹

"十"的联想——狰狞的礼物

"十"的联想——怀表与日晷

"十"的联想——回车键

"十"的联想——"绿色"直升机

"十"的联想——螺丝

"十"的联想——盲道

"十"的联想——玩偶

"十"的联想——人与纽扣

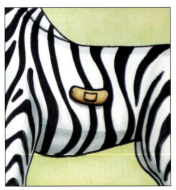

"十"的联想——保护野生动物

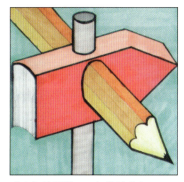

"十"的联想——知识的方向

"十"的联想——关闭

"十"的联想——拉锁

"十"的联想——玩偶

"十"的联想——易拉罐

"十"的联想——时钟

"十"的联想——准星

"十"的联想——包装盒

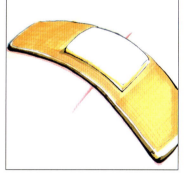

"十"的联想——伤口

窗的联想——信笺

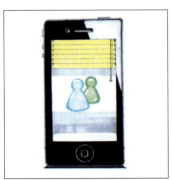

窗的联想——手机

窗的联想——台历

窗的联想——笔记本电脑

窗的联想——封闭

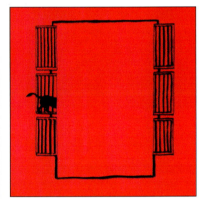

窗的联想——百叶窗

窗的联想——开关

窗的联想——涂鸦

窗的联想——胶片

窗的联想——书与知识

窗的联想——琴键

窗的联想——书简

窗的联想——眼镜

窗的联想——窗外的城市

置换——时间胶囊

置换——水渍与衣食住行

"鞋"的联想——鞋与足球

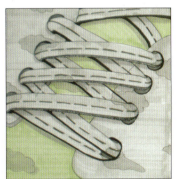
"鞋"的联想——世界的交流

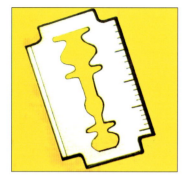

尺的联想——刀片

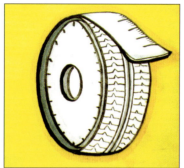

尺的联想——轮胎

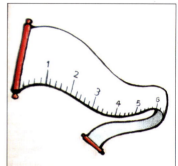

尺的联想——卷轴国画

尺的联想——零食

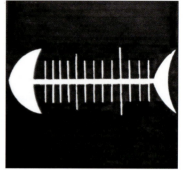

尺的联想——鱼骨

尺的联想——折扇

尺的联想——城市的发展进程

尺的联想——蜗牛

计算机交互页面

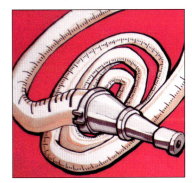

尺的联想——消防水管

尺的联想——年轮

尺的联想——胡萝卜

尺的联想——蚊香

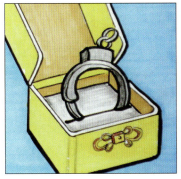

形似置换——手铐与戒指

形似置换——钢笔与城市

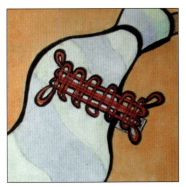

形似置换——中国结与领带夹

形似置换——香蕉与蜡烛

"十"的联想——功能

学习总结

　　相对于其他设计门类，平面设计需要学生具有更强的想象力，把想象力与图形的创造力相结合。对于应试来说，平面设计"想"的能力与"画"的能力同等重要，否则就会出现"想出来画不出来"的窘迫，所以我们在注重应试训练的同时，更应该首先解决平面设计所要求的——简洁、高度概括的构型能力。

　　平面设计的应试需要做到：1.黑白图形的创作能力；2.有目的的色彩搭配；3.图形创作方法。这里所说的黑白图形并不是指简单的图形创作方式，而是通过强迫自己只使用黑白进行构型，能潜移默化地训练自己的图形更简洁、更明确，众多的设计大师的作品都是黑白图形；图形创作的基本方式介绍我在其他书里也有总结，大家也能通过很多方式查询（我的个人博客里有创意方式和色彩搭配方式简要归纳），掌握这些常规基本方式是为了给自己个性的创作语言提供基础方法，设计的方法也许吸引人之处就在于好的方式总是无法归纳。

　　学习平面设计迈出第一步相对简单，因为图形创意（在应试层面上或应试难度上来说）很容易理解，但是想做得出众，就必须依赖于"多看、多比较"，在平面设计的学习方法中，资料的占有是第一位的，所以我总结"多比较作品的异同"就能总结别人成功的构型方式，比较、总结得多了，自己就会逐渐有所感悟。

立体设计

立体造型基础

　　立体造型是众多基础训练中最少见的，也是最难以用确切的文字对训练反复方式进行阐述、总结的，如果用最直接的方式来理解，就是把众多的造型、空间构成原理，通过对空间的构建加以表现，并用标准的制图形式表现在纸上。

　　在立体造型训练章节，多看、多比较，成为尤其重要的学习方法，同样的外轮廓，多比较众多内部构成的细节不同、构架方式不同；同样的局部细节、类似的构架方式，就需要多比较整体外轮廓的差异。对于立体造型来说，无非就是外轮廓和局部的差别最能体现整体的视觉差异，所以在立体环节的教与学过程中，最应该把看和比较放在首位。

从设计的角度理解造型才能真正理解立体设计

　　包豪斯的校长格匹乌斯说："一切设计源于建筑。"这句话我所理解的是两重含义，1. 建筑设计包含了一切立体形式呈现的设计形式所需要接受的约束，必然解决建筑所涉及的问题就能解决所有立体形式问题；2. 建筑设计的思维方法与所有包含正负空间的立体造型设计问题相同，所以学会了建筑设计方法，就必然可以举一反三。

　　现在看来，作为立体设计的第一步，就需要从设计的角度理解造型与空间，即空间的正与负（实体与虚体）。建筑设计所受到的设计约束是所有设计领域最严格最复杂的。所以相对于雕塑的造型问题来说，相对理性。

　　建筑师扎哈·哈迪德的空间造型来自于计算机程序运算，所以她所设计的空间造型介于理性与感性之间，有一种雕塑的感性美感。

　　普利茨克奖获得者，建筑师扎哈·哈迪德用"参数化"设计的模式，把空间以数字化的形式呈现，使空间的造型具有一种动态的美感，介于有机形态与雕塑造型之间。

　　澳大利亚建筑事务所Delugan Meissl Associated Architects 为保时捷公司在德国斯图加特设计了非常具有戏剧性的想象力的新的保时捷博物馆。尖角的设计与直线的视觉语言充满张力。

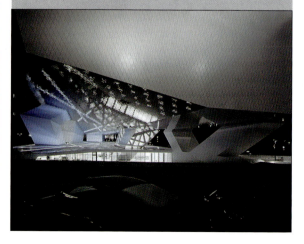

原保时捷博物馆的设计与新的设计思路恰恰相反，取自保时捷车身的经典流线经过解构与重组，使博物馆具有雕塑般流动的美感。

　　日本建筑师隈研吾设计的山林博物馆建筑造型，充满了对东方建筑形式与建筑结构的崇敬之情。东方古典建筑的榫卯结构被无限放大与重组，整体的对称式构图结合细节的重复结构，使建筑具有了东方的内敛与细节的雕琢美。

　　隈研吾的建筑有深刻的东方色彩，原木的质感与朴实的造型结合，理性元素得以放大，使建筑的含义上升至东方哲学高度，他的建筑在世界上广受关注，也是日本本土对东方特有设计风格与现代形式结合的典范。博物馆的对称式造型与后来的上海世博会中国馆非常相似。

莫夫西斯建筑事务所与建筑师埃瑞克·欧文·莫斯的建筑设计语言相似，在整体建筑设计中，都着力体现建筑细节中的穿插与组合美，但是使用的手法不同，前者是突出夸张每个建筑部件之间的交叉感；后者是通过剖切，把内部结构展现出来。

建筑师弗兰克·盖里是解构主义建筑风格的代表人物，他所设计的造型就有结构与解构的双重美感，造型因为穿插与重组而显得冲突，这种冲突的美感具有力量。

在北京三里屯弗兰克·盖里设计展览上展出的家具与建筑模型，造型的风格完全不同，有序与无序的界限被重新定义。

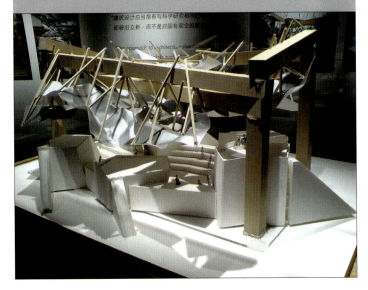

法国建筑师伦佐·匹亚努致力于"仿生"建筑的研究，他的建筑造型往往具有生物骨骼的结构美感，不仅是取之造型，往往兼具功能。他的建筑具有生态的美感，比例与造型细节都充满设计的"亲人性"。

莫夫西斯建筑事务所在韩国的智能建筑，建筑造型具有对光合作用的模仿。与周围的城市场景和谐共存。莫夫西斯也是解构主义建筑风格的拥护者，建筑具有"支离破碎"的美感。

可口可乐未来包装设计，由 Jerome Olivet 设计完成，这款包装设计具有很多流行设计的元素，使可口可乐的造型与未来设计的众多前卫造型相融合。与建筑造型、工业造型相对应，也许仅仅只是比例的不同。

立体设计典型真题分析

　　立体设计最基本的命题方式就是用尺寸限定整体框架，在整体框架内进行造型的最大体积穿插组合，这种考试形式来自于建筑造型甚至所有立体、空间造型的基本方式，相对于雕塑，建筑在造型过程中需要更明确地表现形与形之间的穿插关系、正负形（立体造型与空间之间的虚实）之间的互动关系。

　　立体设计真题——在限定的正方体空间内作圆柱体、四棱锥体、圆锥体的最大体积穿插组合，并作出适当变化。题目明确要求画出穿插结构图、轴测图的立体表现图，限用黑白表现。

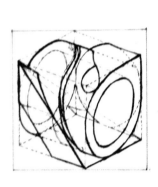

　　立体设计真题——在限定的正方体空间内作圆柱体、三棱锥体、圆锥体的最大体积穿插组合，并作出适当变化。题目明确要求画出穿插结构图、轴测图的立体表现图，限用黑白表现。

　　立体设计真题——在限定的正方体空间内作圆柱体、三棱锥体、圆锥体的最大体积穿插组合，并作出适当变化。题目明确要求画出穿插结构图、轴测图的立体表现图，限用黑白表现。

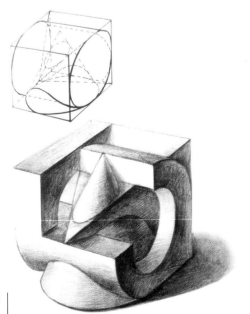

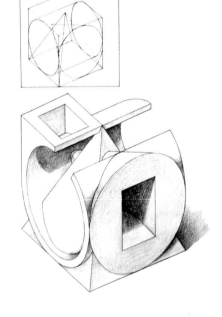

立体设计真题——在限定的正方体空间内作圆柱体、三棱锥体、圆锥体的最大体积穿插组合，并作出适当变化。题目明确要求画出穿插结构图、轴测图的立体表现图，限用黑白表现。

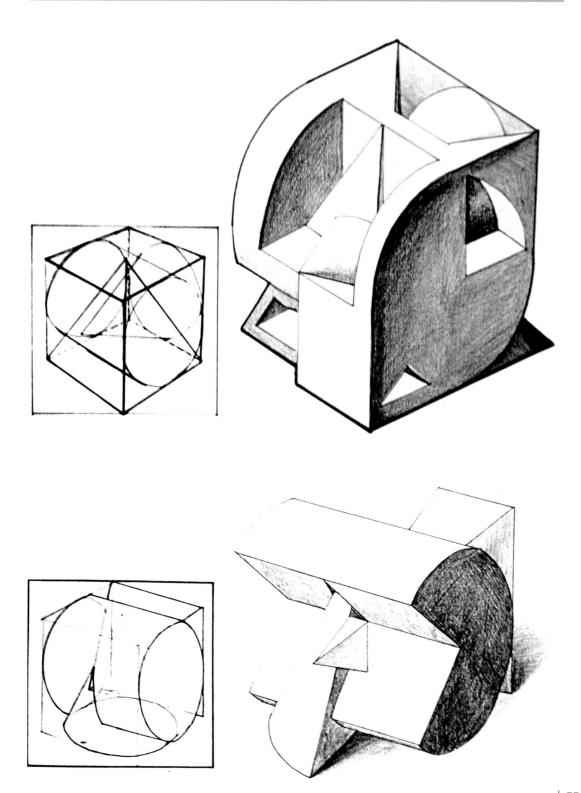

立体设计课程中的标准制图

标准制图，是立体造型学习的前提，针对应试训练，要学会标准的"平面图、立面图、轴测图"的尺规手绘制图方法。

在应试训练中，三角尺（一套，包括直角三角尺、等腰三角尺各一只）、圆规（可置入标准铅笔）、直尺（或丁字尺，长度在 30cm 以上）、选配工具若干（包括曲线板、蛇尺、专用橡皮、自动铅笔等）。专业制图工具的选用，会为后续的专业训练打好事半功倍的基础。

往往很多基于未来建筑设计的细节在考前应试训练的开始阶段都被忽略了，但是对于理性因素占多数的立体造型训练来说，制图规范、图纸绘制速度都取决于开始阶段所养成的习惯，在多年的教与学经验中，往往在开始阶段学习的"方法"，都会先入为主地成为后续学习的前提条件，所以我们无论教与学，都需要在立体学习的开始阶段养成正确的、严谨的制图习惯。

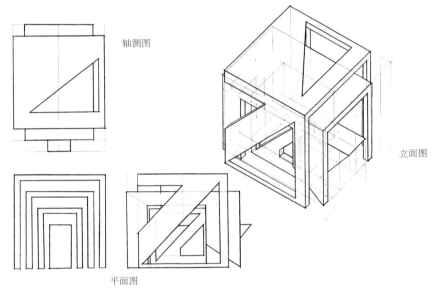

轴测图

立面图

平面图

第一阶段 草图与辅助线

养成画草图的习惯，把构型的多种可能性用草图的形式，边想边画……这是立体造型不同于其他基础训练的特点之一，造型的整体可以通过想象完成，但是细节、局部的构成形式、穿插方法很难用想象得以完成，所以草图往往在想法逐步完善的阶段，用画在纸上的特定方式，督促想法的完成，并可以实时看到自己的想法。

在制图逐步完善的过程中，用绘画的速写能力使草图的透视规范，只能抵一时之需，后续对于比例、尺度的把握很难完成，毕竟透视是依赖于"近大远小"的尺度变化虚拟完成的，但是轴测图配合辅助线，可以使造型的细节比例、尺度更加严谨。以下图片是学生在训练开始阶段，用草图表现的整体立方体与细节的关系，从具体的细节处理上不难看出局部的比例变化（几分之几、等分、对角线、45°角转折等细节）把细节变化与整体构架的协调在理性的基础上加以完善。

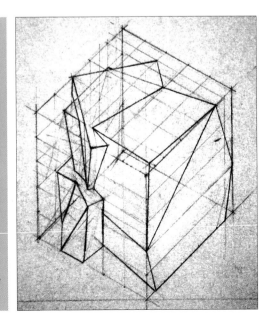

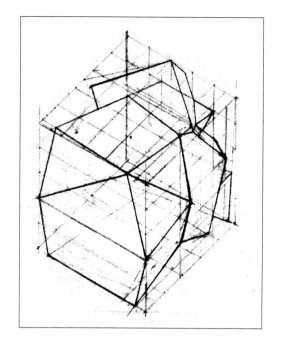

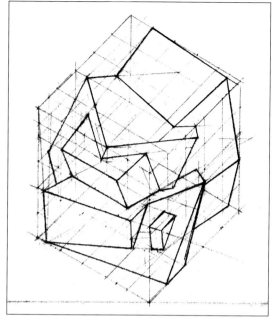

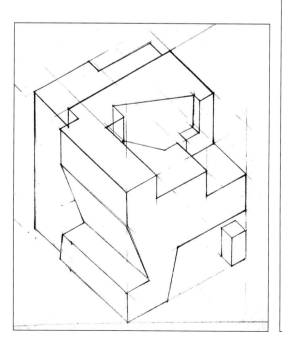

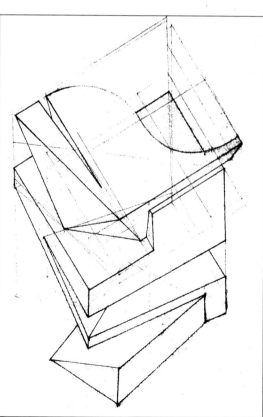

正负形是在立体造型设计中，经常用到的构型方式，这种方式融合了造型的理性美感，使造型在实体与空间变化中，感性的视觉造型与理性的几何分解互为补充。利用造型的正负形（实体与空间合二为一后，整体为正方体）变化，把造型的实体与空间（虚体）用草图的方式得以实现在纸面上，这种训练方式可以逐步缩小我们在创作过程中，空间想象与真实比例把握之间的误差。

下图中互为正负形的两个造型，利用实体与空间（虚体）的转换，创作出具有美感的空间造型。两个造型的对照，显示出创作方式的理性。辅助线能体现细节对于局部比例的把握。注意，辅助线的作用是规范思考方式的理性因素，而不是把辅助线考虑在空间造型范围内，草图阶段利用辅助线进行造型，就像素描开始阶段的结构素描一样，养成良好的思维习惯，是对今后基础训练，甚至设计职业生涯的第一步。

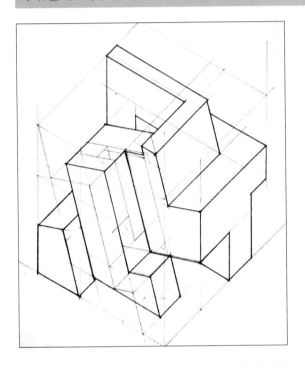

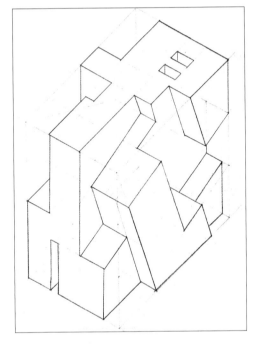

在整体的框架内部进行"空间减法"，就好比把整体一点点掏空，所涉及的问题：a. 哪个角度；b. 如何减；c. 减多少；d. 对整体的控制（简单或琐碎）。这些实际操作问题都可以通过草图、比较等学习方法得到逐步解决。准确的尺规制图结合辅助线，可以使制图过程中对细节的把握更加明确。

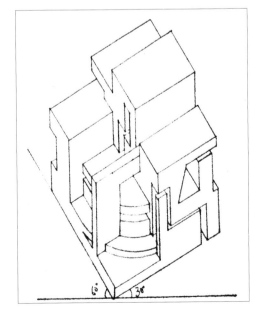

第二阶段 直线造型与曲线造型

直线造型与曲线造型是立体造型的主要造型方式，这两种造型语言最直接、最简单，对整体造型效果最显著。

相对应的训练方式：a. 以方体（正方体、长方体）为整体，做空间减法；b. 以长方体为单体，进行整体穿插组合；c. 以方体为主要构架，局部穿插斜切、曲线元素，进行整体组合。a—b—c，从草图到正稿，从单线表现到素描表现(适当加入素描)这种循序渐进的练习方法，可以逐步适应规范制图、立体造型的从简到繁。

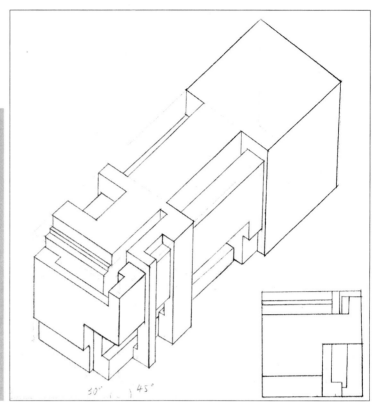

利用方体作为基本造型，进行空间减法训练，这种训练方式是从建筑设计的基本造型原理出发进行的构型训练。空间的减法实现了空间造型中实体与虚体的互动。

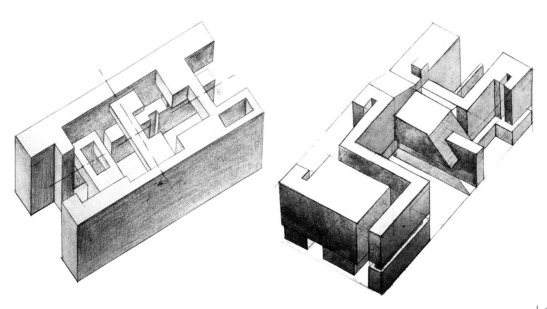

对局部的把握如果"没有想法"，可以从最简单的"方体"开始，对局部的斟酌，简单来说，就好比把积木堆积起来（空间加法），或把积木撤掉（空间减法）。在这个训练环节，整体的辅助线必不可少，既可以约束加减的"量"，又可以使手绘制图更加准确。

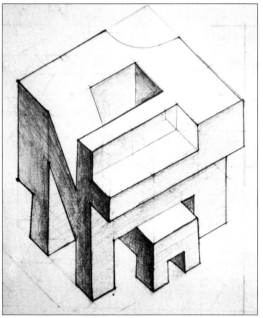

空间的局部加减训练，无论教与学，都可以从线开始，暂时撇开光影、素描表现对立体造型的影响，把立体造型的美感体现出来。

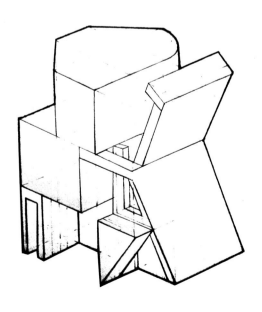
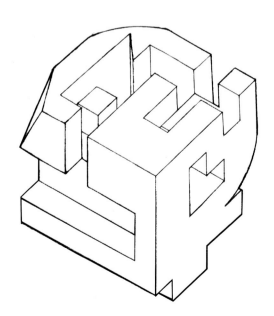

第三阶段 立体造型加"表现"

在以前出版的参考资料中，与相关考试要求、设计要求结合，尝试过给立体造型加上色彩（彩铅笔、马克笔），使立体造型呈现出与设计效果图相关的表现效果。

按目前最新的要求，把标准制图（轴测图）加上黑白表现，可以分为两种效果：a. 勾线加简单虚拟光影；b. 纯素描表现。这两种效果最终的目的，都是让立体造型的空间感加强，造型细节的形体穿插、转折更明确。

绘图墨水笔勾线与铅笔素描相结合，可以获得简洁的效果。优点是在绘制过程中墨水线条与铅笔虚拟的光影效果不会互相干扰，铅笔对"面"的表现始终处在适度的"辅助表现"。以勾线为主的手绘表现，可以始终使整体造型轮廓鲜明，欠缺是对于视觉效果的表达不如直接用素描效果表现。

直接用素描效果对立体造型进行表现，优点在于视觉效果相对接近真实的立体造型光影，缺点是表现时间相对较长，不便于局部修改。用素描表现立体造型的形体转折，应该区别于石膏几何体素描，表现的目的不同于绘画，作用在于"辅助轴测图把造型的立体、转折、穿插表达得更为明确"。

　　素描效果对立体造型的表现，相对于单纯的素描，局部需要更加准确、更加细致，这样才能与"标准制图"相匹配。

　　制图的"精确"往往来自细节的表现，比如：三条线是否交于一点？面的转折是否错位？这些细节都会影响整体画面是否可以用"制图"的标准来进行衡量。

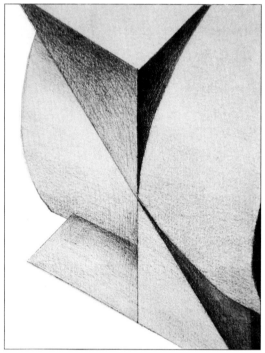

给造型整体中适当地加入弧线（曲线）造型，能使整体的造型呈现出活力，当然这种造型语言的过度使用也意味着将使造型与空间的整体性面临更大的考验。

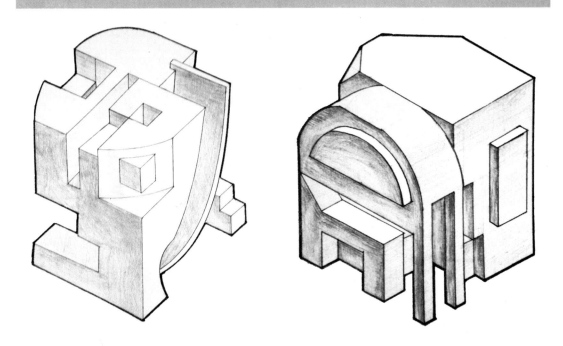

当立体造型的局部进行穿插（交叉）的时候，不要避免，相反，更应该夸张，使原本相交的造型互相穿透，这种方法更能体现造型的美感。

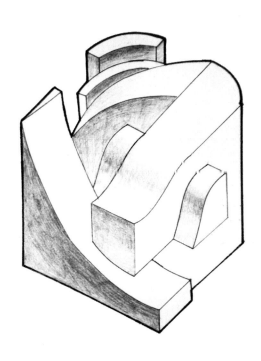 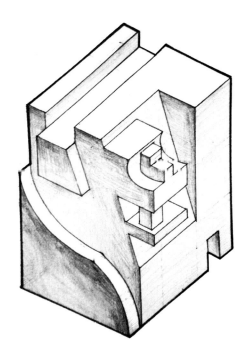

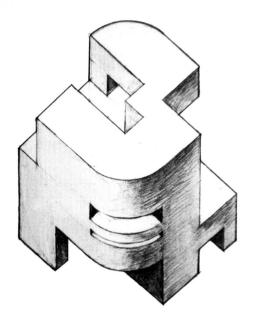

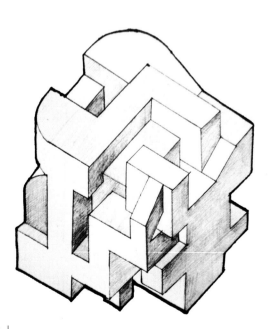

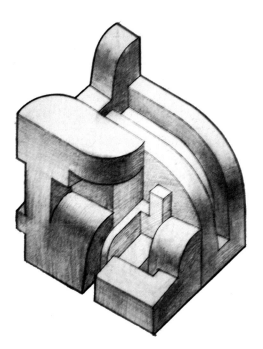

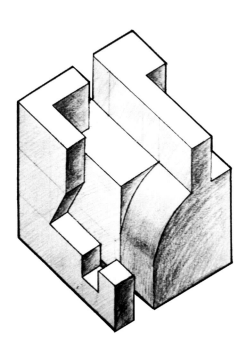

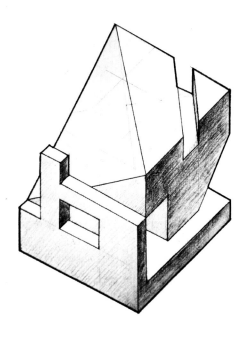

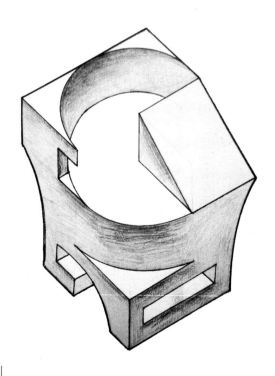

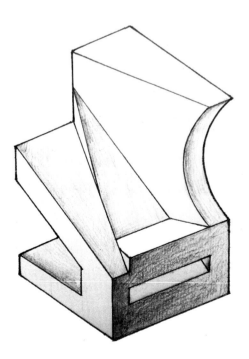

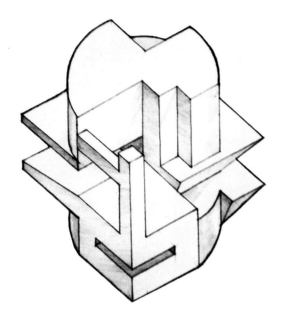

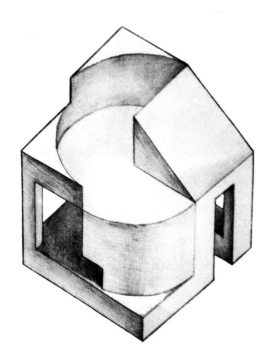

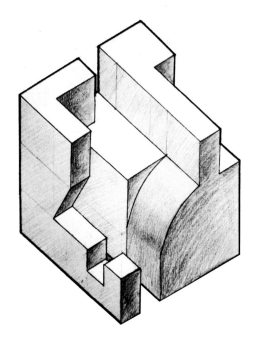

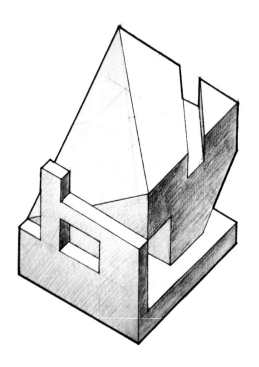

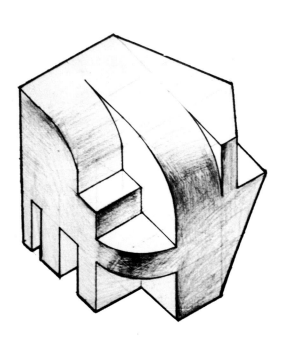

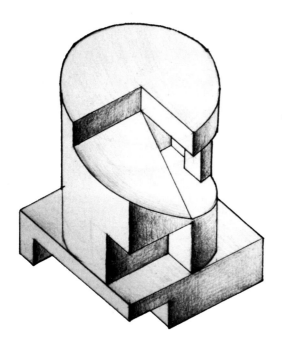

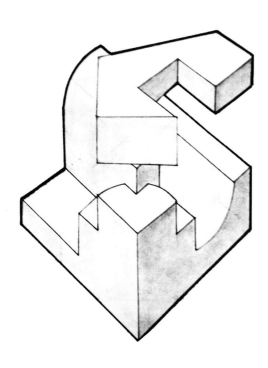

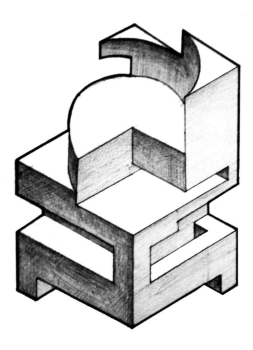

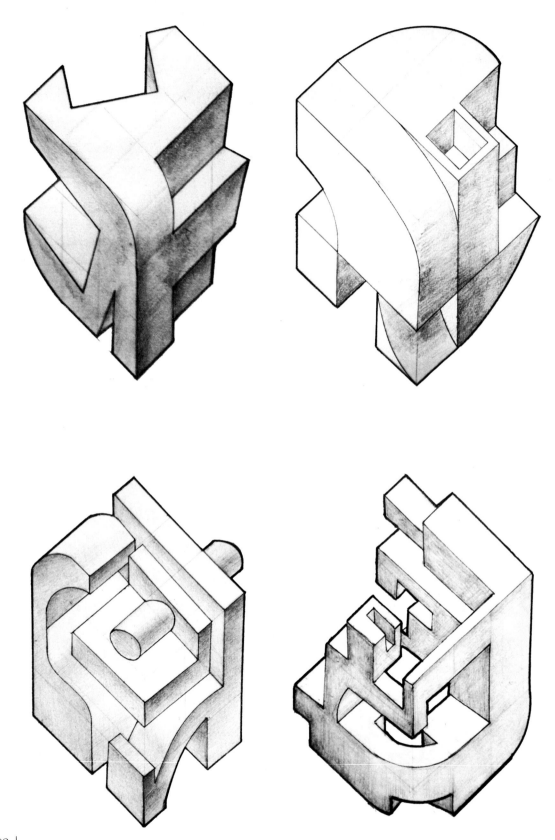

立体设计课程作品与讲评

　　这是典型的考试要求"黑白表现"效果，轴测图配合适当的素描关系，不同于绘画素描的细节在于：1.不需要有阴影表现；2.需要注重造型的转折。

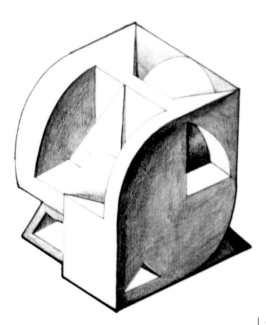

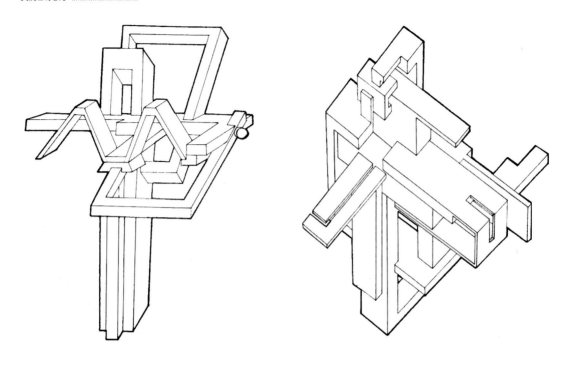

　　近年典型真题大多外轮廓范围都是要求与方体（正方体、长方体）产生关系，因为这是与建筑结构最通用、最广泛的构造、力学等要求相关联，所以我们在训练的时候，需要注重平行线、垂直线元素在整体结构中的应用。

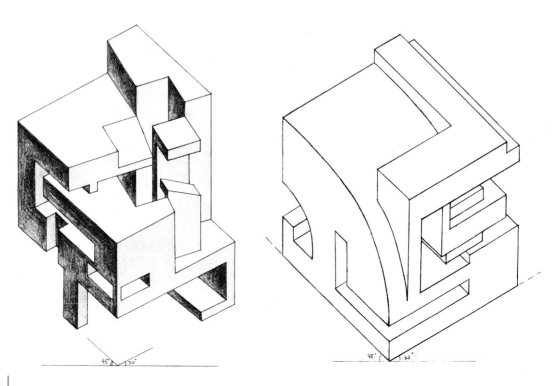

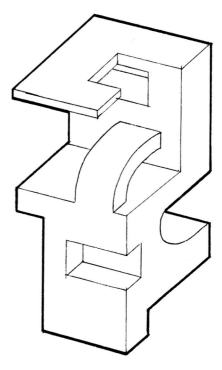

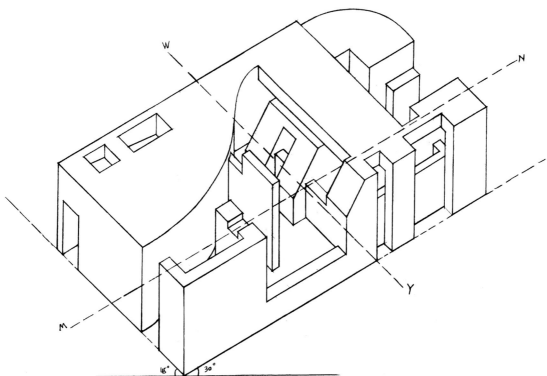

自由曲线（自由曲面）在建筑设计中不是主流，但是曲线造型的适当应用会使建筑造型具有雕塑的（感性的）美感，在造型中加入曲线（曲面）时，需要重点考虑互相之间的呼应关系，使局部服从于整体。

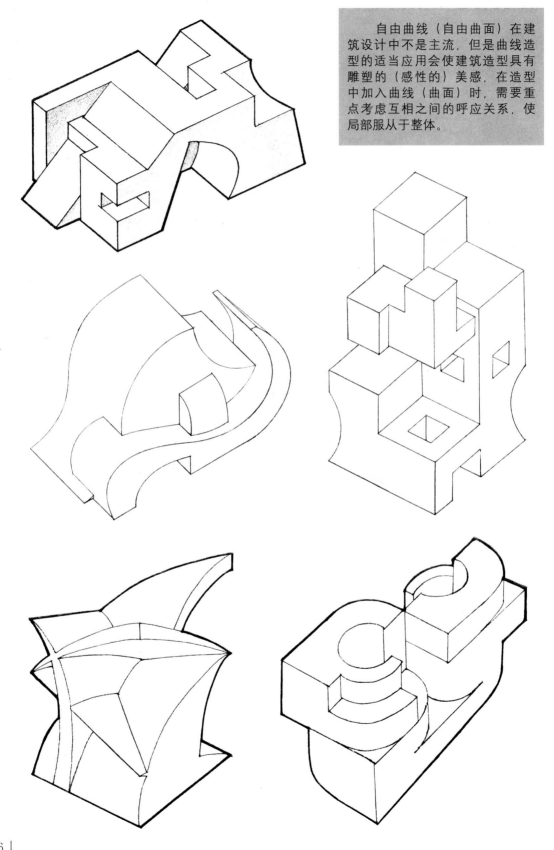

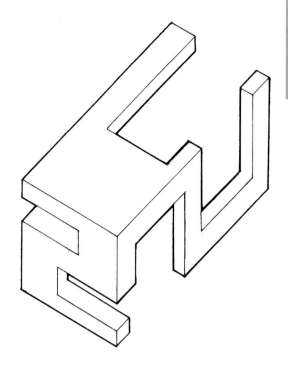

单体元素只使用直线，组合方式只运用平行、垂直交叉，也可以使整体很丰富，单体互相重叠、交叉，互相之间的疏密关系适合，也可以使整体丰富。相对于穿插曲线（曲面）元素，这种直线元素的组合相对更纯粹、更理性。

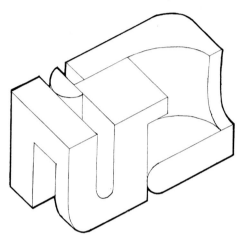

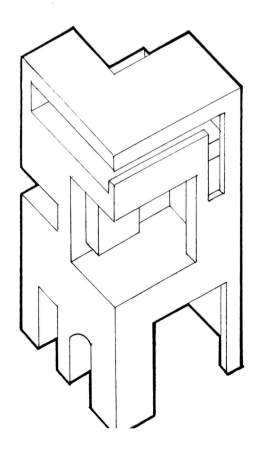

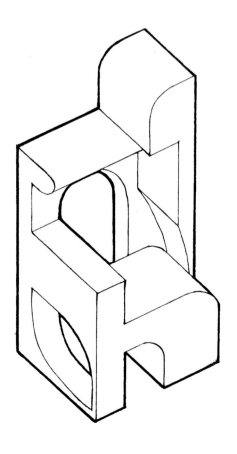

　　立体造型也需要像绘画一样，讲究构图的疏密、虚实关系，既可以把它们理解成为造型组合的疏密，也可以理解成为单体造型间距的疏密，更可以理解成为整体空间虚体的大与小，这些基本方式都是使整体空间更经得起推敲的根本构型原理。

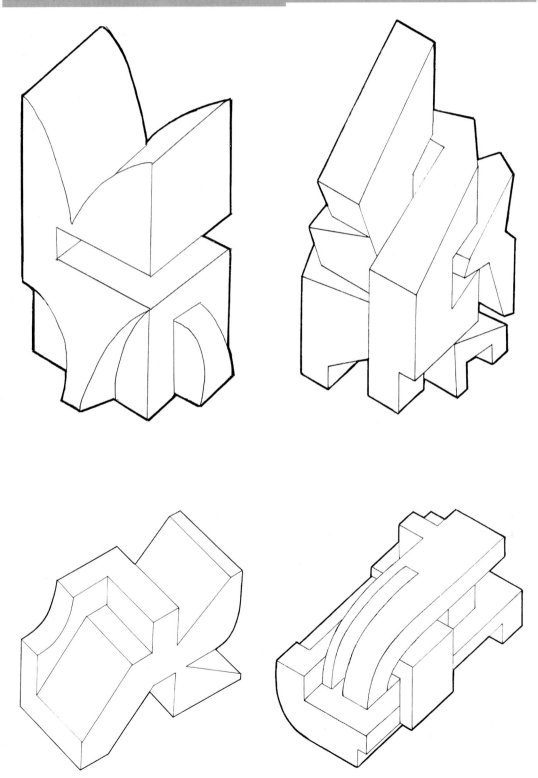

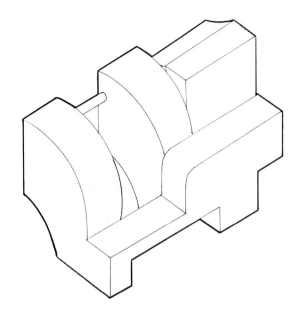

整体造型中的"丰富"，无论是单体元素数量的多与少、繁与简，都可以达到。借助于曲面元素的加入、空间减法数量的增加，可以使整体造型相对简单地达到"丰富"；但是只使用平行、垂直交叉作为组合方式，用直线元素进行组合，也可以达到最终的"丰富"。巧妙的丰富，应该依赖于在形之间的组合关系、疏密对比、重叠交叉等方式来完成，单纯通过加大组合数量与增加变换次数来达到的丰富相对简单。

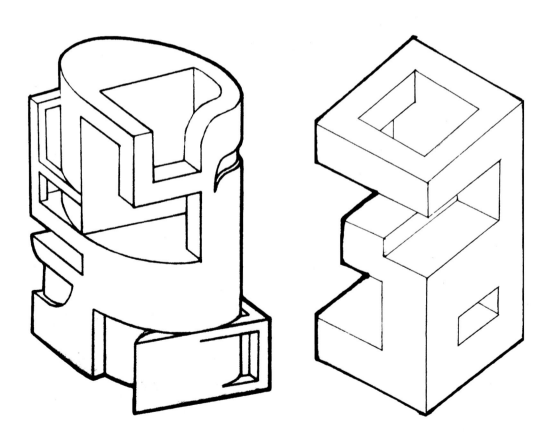

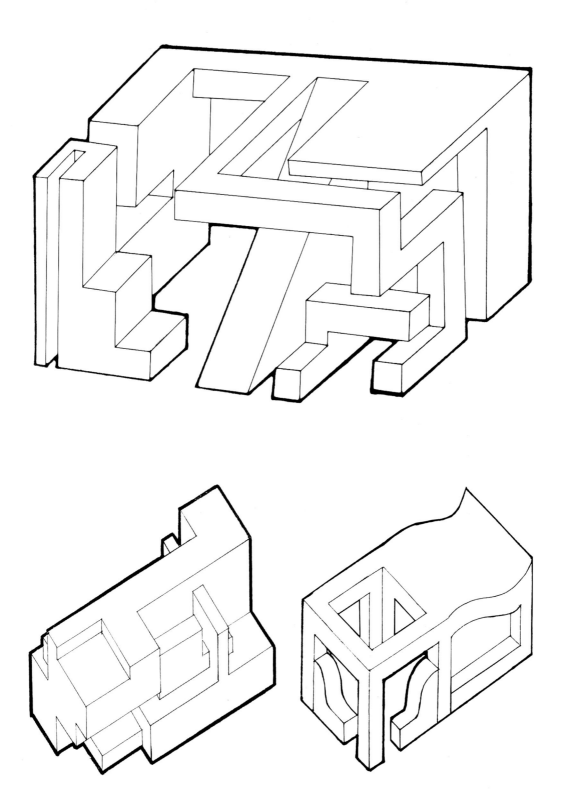

　　整体造型的局部比例、间距变化，在变化过程中注意尺寸的倍数关系，就可以获得局部细节的韵律、节奏感，细节变化局部的重复、尺寸数据的规律性，都可以使局部变化得更巧妙、更富有形体美感。

借助单体造型的变化，或者借助组合方式的维度变化，都可以使最终的整体造型变化丰富。其中，"对比"是不可忽视的造型与组合元素，高与低、间距的疏与密、单体元素体积的大与小，这些都会使整体富有变化。

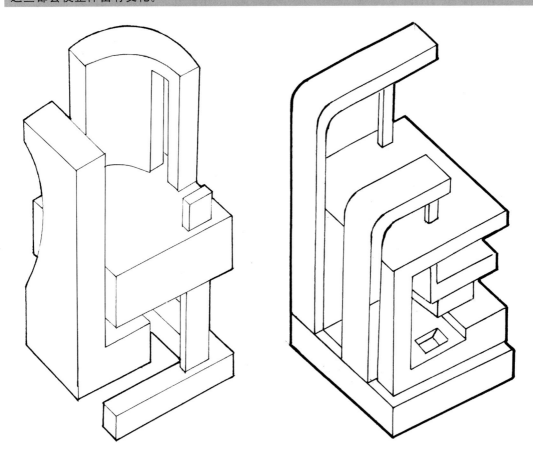

对于初学者，在空间的变化方面，一定要慢慢来，"慢"：1. 造型从简单的开始，慢慢加难度。如尝试空间减法的时候，先减掉一部分，画清楚以后，再减掉一部分，直至完成；2. 制图要慢，把每一个转折结构画清晰，不要有丝毫的含糊。做到这两点，会极大地减少错误（构思错误与制图错误），切记空间变化不要一步到位，避免越画越混乱。

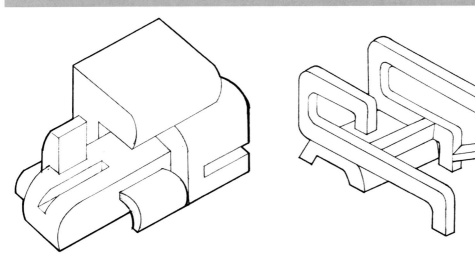

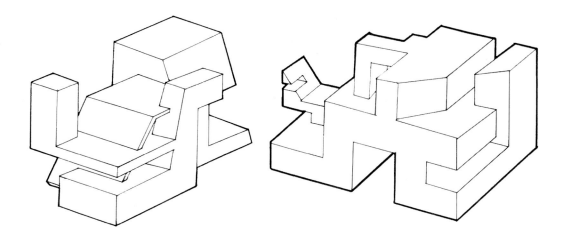

　　立体造型因为空间的减法，使实体空间与虚体空间进行了转换，就像建筑师格罗皮乌斯所说：一切的（立体）设计源于建筑。正负空间的转换使建筑获得了造型外观与实用性（造型的美感来自造型，但是人们居住的空间是内部围合的虚体），这些说法似乎对于基础训练太专业了一点，但是从基础训练开始，我们就必须建立正负空间（建筑的实体与虚体）转换互动的思维方式，注重造型美感的同时也需要顾及空间美感的体现，这才是建筑所特有的美感表现形式。

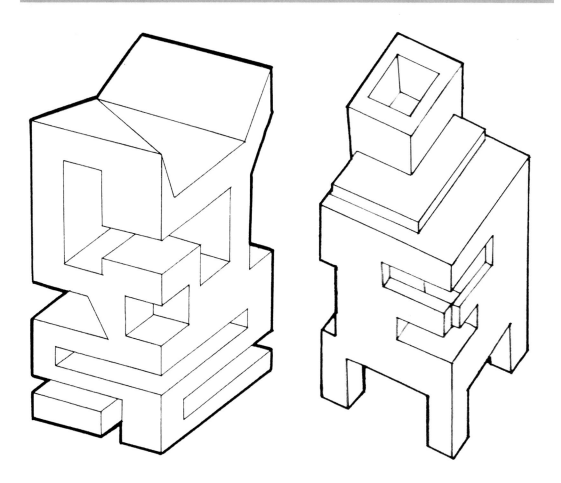

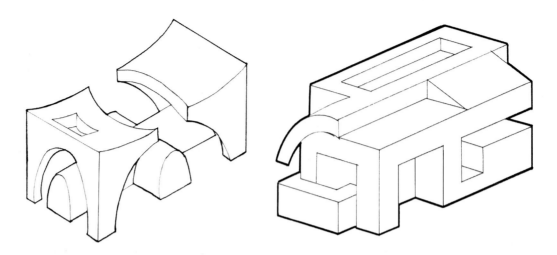

　　经常有学生询问：当思考空间减法的时候，该怎么去想象空间？该如何迈出第一步？我也有相同的经历，也有相同的学习感受，往往在开始阶段，总是想象不出基本造型。有两种对应的学习方式，做到了就自然会解决以上问题：1. 试着临摹一些自己想象不出来的局部穿插方式；2. 试着临摹一些整体，注意整体造型外轮廓的穿插组合关系。这两种方式所对应的是立体造型最直接影响整体效果的两个知识点：局部和外轮廓。解决了这两个根本的知识点，一定会对立体空间造型的更加自信，因为仔细观察每一个整体造型，看看其中的细节，是不是都是相似的？

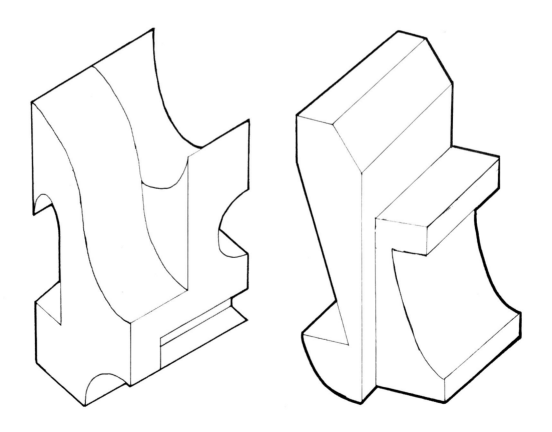

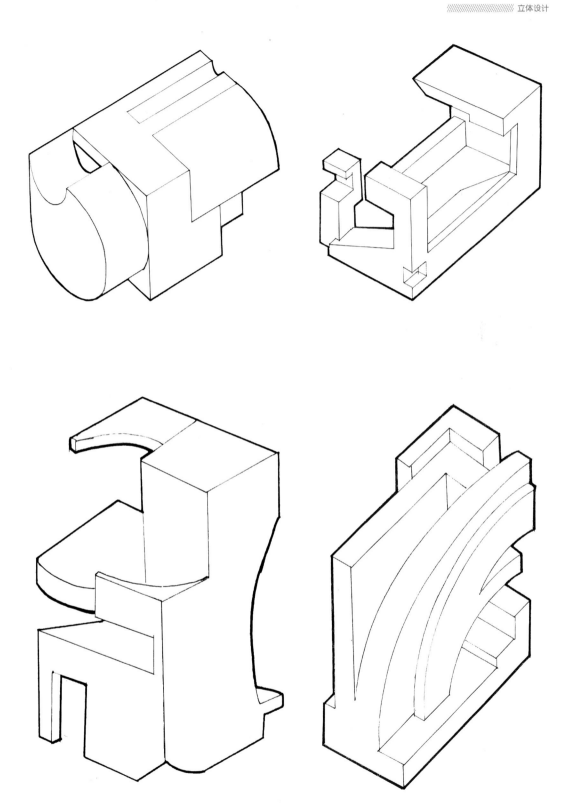

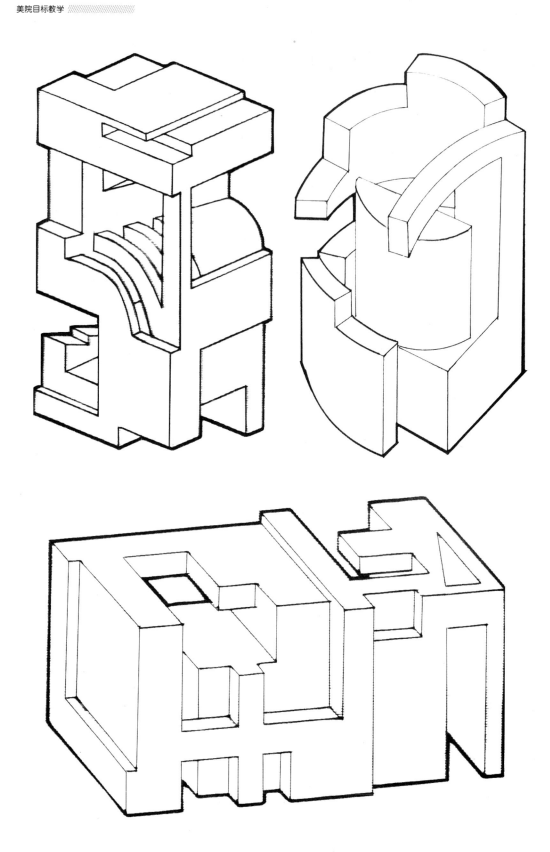

学习总结

　　立体学习的最初阶段，初学者往往会因为立体结构的复杂和制图的复杂望而却步，因为相对于立体设计，选择学习平面设计更容易入门。有趣的是，当学习之后几乎每个学生都会有相反的感觉，因为立体设计的难点都集中在制图的制作本身，对于创意性的要求相对低，换句话说，当你熟练掌握了制图技术及造型方法，几乎不需要额外的创意，就能轻松地应对立体设计。
　　立体设计需要掌握：1.手绘快速制图（轴测图）方法；2.考试所要求的黑白表现方式；3.在180分钟内完成所需要的速度。剩下的就是多看优秀的建筑设计图例，比较相对于工业设计、产品设计、雕塑、装置等其他立体表现门类的造型差异性，因为建筑设计所需要的容积、结构、美感表现是具有众多特殊性的，这些特殊性造就了建筑特殊的美感表现形式，掌握这种美感是必要的（当然这种美感是无法用语言总结的）。
　　立体设计是最需要"坚持"的，绘制的第一次一定是无比艰难的，这与未来大学要学习的建筑制图相仿，必要的细心、辅助线、准确度都使我们无比的不习惯。当经历了三次以上，一定可以使自己的自信心增强，凡是对立体设计不自信，一定都是被前面说到的第一张"难"画而吓得退却。当然，天生对立体造型的敏感度，也是必要的，想起1995年，我第一次接触立体范畴的设计，就无比喜欢，放弃中专四年曾经学的平面设计，而立志做一名建筑师，现在想来，那时对理想的追求是无比强烈的。所以我想对所有选择立体平面设计的同学说，不要被立体造型吓倒，掌握了就一定会体会到其中的乐趣。加油！

问与答

平面设计

问：平面设计相对最快的训练的方式是什么？

答：黑白绘画（第一步要学习把现实物品转换为黑白图形）——黑白图形创作（尝试 2 个图形）——形似的置换——色彩结合图形表达——主题练习（如与生活相关的主题：网络相关、人与环境、水资源等）。整个训练过程从表现形式上分为黑白至色彩；从图形创作上分为针对一个图形的表现训练（如手表、鞋、钥匙、灯泡等）至两个以上图形的置换训练。

问：画面元素的应用，应该把握怎样的原则？

答：画面可以简单分为图形、色彩、文字 3 个元素，首先要明确的是，画面在表达清楚的前提下，使用元素越少越好，表现得越简单越好，画面细节越精练越好；其次，就是实际情况实际对待了。平时在学习中，养成画草图的习惯，并尝试用对比的方式，比较草图的表达效果，一定会有收获。

问：在平面设计学习的第一步，应该首先把握什么？

答：首先应该说明的是：很多好的设计，正因为没有按照常规思路，所以才会"惊人"。从应试的角度考虑，首先应该把握"形似"这种创意手段，很多好的设计，都是把握住了这一点，才使得画面效果很"巧妙"，当然，这不是唯一方式，但却是最容易掌握的方式。

问：需要考虑"文字"吗？

答：首先从应试考虑，画面中不可以加以解释性文字，这是在考试中明确规定的；其次是很多设计师利用文字作为画面的图形，或者使用画面图形的一部分，我们称它"文字图形化"，看上去是文字，但是在画面中充当了图形的一部分，我们应该把它纳入"形似的置换"来一并考虑；再次，文字在画面中可以起到"意义升华"的作用时，可以考虑文字加入画面。

问：针对图形创意，必须注意哪些细节？

答：首先是"简洁"，表达相同的意思，图形越简洁越会突出含义，这一点非常重要，决定了阅卷老师能否在短时间内明白你所要表达的意思，简洁的要求与美观并不冲突，更多的是要求删节更多无谓的、琐碎的细节。

其次是避免"并置"，很多初学者在表达含义的时候，会把需要表达的众多意思并置在一个画面中，形成简单的排列，甚至用编码表明顺序，我始终认为对于应试阶段的基础训练，更应该把众多意思合并为一个图形，如我们常说的同构、异影图形都是把至少双重含义整合为一个图形加以表达的好办法。

再次是"颜色"，与简洁的要求有相同点的是，色彩也需要简洁，能用黑白图形表达的就可以尽量不用色彩，色彩未必可以对图形给予表述的帮助。诸多的设计师，如福田繁雄、卡里碧波、冈特兰堡等，大量的作品都是黑白的，除了个人风格的因素，更多的是用黑白图形最直接地传达图形信息，可以在最短的时间内引起观者对作品含义的共鸣。在应试训练阶段，通过黑白图形的创作训练以后，大家自己就会有所感悟：给图形加上色彩绝非是画面唯一的处理手段。

问：如何在最短时间内做到画面的"简洁"？

答：比较，最直接、最有效的方式，尝试删节一点细节，再删节一点……把草图互相比较，很容易做到最简洁，因为应试几乎全部（设计类）都是八开纸，找到对应图形画面尺寸的经验，就逐渐会主动控制了。

立体设计

问：立体设计最本质的考点是什么？

答：最简单明了的概括——多角度、多维度的造型表达，尝试从不同角度分析与观察，避免某个角度过于简陋。众多真题进行比对，很简单地就能找到考查和命题的共性，而每一种命题方式最终都会以"造型互相之间的穿插组合"为最终考查目的。应试训练不需要过分地追求命题，因为立体设计的命题都是很明确的数据与角度的限定，需要注意的是，使自己努力尝试不同的立体造型组合、穿插方式，经验多了，自然可以对应各种命题方式，如：空间的加法、减法，限定整体空间的内部造型组合等，都是常见的考试方式，仔细看一遍历年考试的真题，你一定也会有相同的感触。

问：在考前应试阶段，如何快速使自己准确把握立体的美感？

答：最简单的方法就是尝试"多看、多比较"，无论是考前习作还是书籍资料上的建筑设计作品，都可以在视觉感觉上锻炼自己的判断与选择能力。

艺考设计类高考的必要准备

问：从选择艺考开始，我们必须要准备什么？

答：首先，确定是否自己喜欢，这一点无论对基础训练，还是对未来的职业生涯，都是必须要确定的一点。

其次，要对自己的文化分数有正确的评估，不要过高或者过低地估计自己的文化分数，因为这对艺考来说，决定了最终录取，可以暂时分为两个档次——是否过省提档线，是否够你目标院校的去年录取最低分数线。

再次，选择学校应该首先考虑"名校"，更要选择目标院校的"特色专业"，为四年后的择业做好前提准备。

最后，针对选择院校进行"针对训练"，最简单的方式就是上网搜集近年的官方发布的优秀试卷——参考具体风格和要求；然后对近几年的命题进行模拟练习。在进考场之前把功课做足，不要打没有把握的仗。

经历高考以后，重新思考高考的经历，很多事情都会有所感触，但是往往第一次面对高考的时候，纠结其中难以抉择。多年来，我把大家需要的参考资料，教师、家长和学生经常会纠结的问题，汇总在我的实名博客（http://song2822.blog.sohu.com），搜索相关博文与链接，会更全面地接触到设计基础训练的"教与学"，希望能够更加全面地帮助大家。

关注两篇博文连接汇总："给高考学生的资料汇总"，"假如你是学艺术的，苦于没有资料"，前者是高考资料汇总链接，后者是给大学一年级学生的学习资料汇总链接。

（注：以上课堂问答内容，结合每章节开始部分的要点总结，会更容易解读。）

备注

作品出处及教学主持教师

陈绪芳与北京成蹊画室／魏伟与北京小泽画室／赵沐熹与深圳品执画室／彭勃与北京聚艺画室／王燕与北京印象画室／贺海峰与北京术心画室／王建树与济宁顶层画室／邹群与北京艺考美术学校／刘智聪与新视界画室／李博与子艺画室

河北张家口艺术中学／辽宁大连十五中／山东烟台一中／广西南宁五中／湖北襄阳二十四中／江苏南京六合实验中学／中央美术学院设计学院培训中心／北京中央工艺美院附属中学，参与系列基础教学课程实践并为本书提供相关学生课题训练作品。

课程指导教师

素描：赵沐熹（品执画室）／彭勃（聚艺画室）／陈绪芳（成蹊画室）

色彩：魏伟（小泽画室）／蔡柯（艺考美术学校）／李博（子艺画室）／刘智聪（新视界画室）

立体：吕浩霖（南宁五中／南京六合实验中学）

（注：书中所有图片均来自于全国各院校、私人画室课程作业照片，辑入丛书均通过学校、画室主持教师或作者个人同意。）

以下作者为丛书提供相关课程习作

张增亮／于良惠／肖雅婷／刘柏晨／刘海磊／张莹／董巍／吕佳琪／徐惠／朱春蓉／苏全创／姚晓友／黄海英／李慧君／蔡卓　庞荣彰／梁董坚／王晨馨／周轩伊／张泰／王丹／王鼎辉／杨家豪／丛阳／陈书剑／左田东鼎／黄畅／王海涛／冯潇潇／周思超／魏宇／李其昂／杨巳思／杨济瑜／王雪／李骁姗／曹莉莉／张婧苒／刘婧／侯珊／颜珊珊／尹源／余兰／王雪／向黎／陈带休／刘宇涵／李苗／鲁楠／张良／徐勇峰／王思文／周思超／王帅／张景博／韩启璇／冯潇潇／樊岳／侯欣宇／姚晓婷／孙梦娇／肖懿／岳真真／陈柯燃／卢黛／周美汜／卢溪／肖晶晶

刘帅／曹春丽／慕微微／刘君／邱官政／郭伟峰／孙丹洋／乔杨／赵婉琳／赵光年／曹琳娟／王思文／程思淇／丁娜／王汝靖／贺业辉／张萌／贾凡／文畅／田璐／张心怡／于子天／李欣／谢潮／赵海／陈萌／耿飞／骆金稳／张娜／林宏昊／王裕言／赵虹莎／乔治／陈政／吉春来／李程然／罗霜华／刘可红／贾鑫／吴若菲／王宁／魏泽楷／高文乾／李南煦／王洪飞

刘浩／赵玲／马晓晨／孙琰／武亮／魏宇／黄畅／赵萌萌／王伟鹏／郑昊天／王伟／刘帛韧／耿明静／任超／郑天虹／王静／孙康／谭孟茜／范建鹏／任秀珠／郑贝贝／王烨／朱忠鹏／李浩越／王乃一／张新怡／李蕾／李行／曾晨子／王正／侯欣宇／王阳阳／林宇泽／霍然／李颖婷／吴晓旭／魏冉／唐天元

王和鑫／周希婧／王静雯／李叶子／薛璇／张从薇／孙筱琛／王宇辰／黄宇杰／杨柳／宋爽／邓超月／王心语／秦杰／张宁馨／郑宇晴／刑楷若／郭子越／孙晓琳／曲德龙／许杉／何馨禺／李佳琦／宋爽／韩蕾／黄胜根／徐博航／殷悦／何馨禺

李慧君／李贞莹／孙艳华／赖桂凤／黄振泳／巫宝楚／施力／岑德健／农原／周丽莹／蔡卓

叶志蓉／郭清清／周静文／张晨晨／韩雯／金莹／潘梓玲／许沁沁／杜禹／何英杰／王振宇／岳征宇／钟浩然／王晓雨／孙今越／竺有杰／丁清文／叶家旺／耿杰／袁金龙／丁晨晨／吕志颖

李阳阳／黄虎／彭浩／宋佳／张怡／尹勤君／刘银丹／童文泉／崔清铮／欧威／陈坤／张雪／李子洋／赵莉雯／王哈利／王昊阳／万鹏／张洁

王北辰／张仁和／韩婷／张益博／王丰嘉／陈信男／宁慧文／于爽／魏晓晓／穆嘉伟／肖懿／岳真真／陈柯燃／卢黛／周美汜